AF227105

UNE
CANDIDATURE

À
L'ASSEMBLÉE LÉGISLATIVE

OU

RÉUNION ÉLECTORALE A LA CAMPAGNE.

Un Maire, un Curé, un Instituteur, un Maître de Forges et un Candidat.

PAR LOUIS DE NOIRON.

PARIS
IMPRIMERIE DE E. MARC-AUREL, RUE RICHER, 20.

—

1849

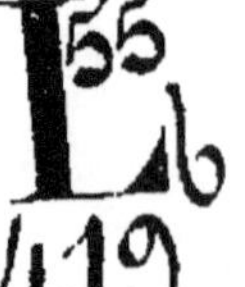

UNE

CANDIDATURE

A

L'ASSEMBLÉE LÉGISLATIVE

OU

RÉUNION ÉLECTORALE A LA CAMPAGNE.

Un Maire, un Curé, un Instituteur, un Maître de
Forges et un Candidat.

PAR LOUIS DE **NOIRON**.

PARIS

IMPRIMERIE DE E. MARC-AUREL, RUE RICHER, 20.

1849

Un Maire, un Curé, un Instituteur, un Maître de Forges et un Candidat.

———

LE MAIRE. — Il faut , ce me semble, un rare courage et un rude aplomb pour se présenter à la candidature en des temps si difficiles !

LE CANDIDAT. — Est-ce bien là toute votre pensée, Monsieur le Maire? Pour moi, votre accent et votre regard malin veulent dire : « Il y aurait impudence à venir escamoter les suffrages du peuple au moyen de promesses menteuses et de phrases retentissantes. » Vous voulez dire en outre : « Il est fou celui qui ambitionne le mandat de ses concitoyens sans avoir réfléchi mûrement à la cause de nos désastres et au moyen de les réparer. »— Me trompais-je, Monsieur le Maire?

LE MAIRE. — Je l'avoue, c'est à peu près le fonds de ma pensée.

LE CANDIDAT.—De grâce, exprimez-la pleine et entière. Ne devez-vous pas, messieurs, plus que jamais requérir de vos mandataires les qualités d'un bon législateur, plus que jamais les interroger avec sévérité, les scruter avec défiance? Sondez-moi bien, je vous prie ; je tiens à ne pas être confondu avec ceux qui, s'arrogeant naguères la mission d'éclairer et de régenter le pays, tentaient d'arriver par la flatterie, la ruse ou la violence, au triomphe de leurs systèmes et de leurs idées.

LE MAIRE. — Oh ! nous connaissons bien, à pré-

sent, le fin mot de la politique de nos grands ré-
formateurs. Assouvir leur longue haine et leur
cupidité vorace , c'était tout le secret de ces
hommes chagrins, fougueux et déclassés : ne
l'ont-ils pas assez trahi pour leur honte et notre
malheur ?

LE CANDIDAT. — Chaque jour le bon sens et l'é-
nergie de la province en fait justice. Qui s'avi-
serait à présent d'endoctriner les campagnes ?
Au contraire, un Candidat loyal éprouve le besoin
de s'enquérir de leurs vœux et des améliorations
qu'elles ont le plus à cœur.

LE MAIRE. — Des vœux ! Nous n'en formons
qu'un ; des améliorations ! nous n'en désirons
qu'une. Nous voulons un gouvernement ferme ,
honnête et intelligent qui sache consolider l'ordre et rétablir la confiance. Nous ne voulons que
ça, et ce n'est pas peu de chose ! —Croyez-moi,
Monsieur le Candidat, repliez les papiers que vous

tenez à la main. Inutile de nous dérouler vos plans et vos projets de loi. Ce n'est pas cette denrée-là qui nous manque. Nous n'en sommes que trop encombrés. Les neuf cents Constituants nous ont dotés d'une Constitution en cent seize articles qui ne peut constituer le crédit, le travail et le commerce. Ce sont ces trois choses qu'il nous fallait, cependant, avant tout. Oh! qui fera renaître la confiance? Sans elle, la culture ne peut se soutenir et s'améliorer.

LE MAITRE DE FORGES. — Ni l'industrie reprendre son roulement habituel.

L'INSTITUTEUR. — Ni nos fonctions exercer l'influence et obtenir la considération dont nous sommes jaloux.

LE CURÉ. — Ni la concorde revenir dans les esprits, non plus que la piété dans les églises, et les secours dans les établissements de bienfaisance.

LE CANDIDAT. — Quelle rapidité dans la marche de l'esprit public depuis neuf mois ! Aux élections d'avril 1848, c'était de la part des électeurs une soif d'innovations ! et de la part des Candidats un déluge de promesses ! Aujourd'hui, on se borne à un seul désir. Certes, si les journalistes, si les fameux de la politique actuelle écrivaient comme parle le peuple des campagnes, nous ne serions pas autant à plaindre. Rien de plus urgent que de remettre le pouvoir en des mains habiles et pures qui l'exercent dans l'intérêt de tous. Malheureusement, les hommes de lumières et de probité dont nous avons tant besoin, se condamnent par leur modestie à l'obscurité. Ce ne sont point des phraseurs et ils ne séduisent pas ; ce ne sont point des intrigants et ils ne parviennent pas. Guerre donc aux avides charlatans de tous les partis ! Rendons au vrai mérite les places qu'ils ont escaladées. Plus de passe-droits, plus de népotisme, plus de cumuls de place, plus de camaraderie faisant la courte-échelle !

LE MAIRE. — Ajoutez : plus de fonctions aux Représentants à moins qu'ils ne se soumettent à la réélection !

LE CANDIDAT. — J'allais le proclamer aussi, et de grand cœur, Monsieur le Maire !

LE MAIRE. — Oui, tant que l'expérience et l'honnêteté ne s'attèleront pas au timon des affaires, l'ordre et la confiance ne se rétabliront point : le déficit rongera nos finances ; nous serons écrasés d'impôts ; les clubs, les banquets et les sociétés secrètes volcaniseront le pays, l'émeute sanglante exhaussera ses barricades, les horreurs de la guerre civile appelleront celles de l'invasion, et la France ne sera plus qu'une ruine.—N'est-ce pas votre avis, Monsieur le Maître de forges ?

LE MAÎTRE DE FORGES. — Oh ! vous n'en doutez pas.—Mais, afin que le pouvoir se trouve dans les conditions que nous réclamons, il faut avant tout

qu'il existe, qu'il soit régulier, qu'il ait cons-
cience de sa force. Or, je ne vois guère où le
prendre. Je trouve d'abord deux responsabilités
à la fois, celle du Président et celle du Ministère
qui peuvent, au jour d'un désacord, s'accuser réciproquement, se *renvoyer la balle* devant l'Assemblée, se disputer la majorité, et après s'être
déconsidérés, nous laisser dans un effroyable gâ-
chis. De plus, il y a, dans les rapports actuels
entre l'Assemblée nationale et ce qu'on appelle
encore le gouvernement, la cause d'un terrible
conflit. Aux termes de la Constitution de novembre, la puissance exécutive et la puissance législative sont également plénières. Laquelle des
deux décidera de la révocation des ministres, et
partant conduira nos destinées politiques ? A laquelle des deux, en cas de dissentiment, devra
rester le dernier mot ? Avec une chambre incon-
sistante dont la majorité se déplace à chaque instant, majorité qui, dans une même question, n'est

plus au scrutin secret ou au scrutin de division ce qu'elle était au vote par assis et levée, avec une majorité si versatile et si fugace, quelle suite possible dans les idées et dans l'action du gouvernement ? Quel bien, et surtout quel bien durable pouvons-nous espérer ?..... Ma forge, Messieurs, serait ruinée, anéantie au bout de trois jours, si je m'avisais de la faire rouler avec un mécanisme aussi mal monté que l'est celui de la Constitution actuelle : on dirait que ses rouages ont été disposés, non pour s'engrainer, mais pour le choc et le frottement. Fussent-ils même plus en rapport avec le but et les fonctions de la machine, toujours est-il que dans quatre ans il faudra élire un autre Président, installer une administration nouvelle, remettre en question les principes de la politique intérieure et extérieure de la période précédente. Voyez-vous les partis s'agiter six mois avant l'expiration de cette olympiade, et leurs chefs ambitieux sonner partout la cloche d'alarme ? Voyez-vous chacune des puissances étrangères se créer une faction dévouée, puis, toutes de concert, réduire au sort de la Pologne morcelée la France de Louis XIV et de Napoléon ?

Dès aujourd'hui même, pour l'industrie , que résulte-t-il d'une telle perspective ? Vous le voyez bien ; elle ne peut se décider à reprendre un essor qu'elle verrait menacé, sous peu, d'un brusque temps d'arrêt.

La même crainte paralyse à la fois le crédit, l'agriculture, le commerce extérieur, la marine marchande et nos transactions avec l'étranger.... Déplorable inconséquence ! En Février, une révolution s'est faite, dit-on, au profit du travail national ; et voici, qu'après bien des essais funestes, il subit une Constitution qui l'entrave et le déconcerte !... Si vous savez un remède radical, Monsieur le Candidat, aux causes de souffrances que je viens d'énumérer, non-seulement vous aurez nos voix , mais encore nous placerons sur votre tête le laurier du triomphe et dans votre main la palme des libérateurs !

LE CANDIDAT. — Je reconnais tout le sens, toute la portée de vos observations. Je pourrais même en ajouter d'autres qui obtiendraient, j'ose m'en flatter, votre assentiment. Mais mon devoir est de renoncer à ce plaisir, comme aussi de ne point relever la provocation que vous m'adressez avec une gracieuse ironie. Je dois me tenir sur un autre terrain que celui où il vous a convenu de vous placer. Permettez-moi de vous faire observer que vous perdez de vue un point essentiel. Ce n'est pas sur les bases ni sur le mécanisme de la Constitution que les Candidats à l'Assemblée législative sont tenus de s'expliquer, puisque cette Constitution ne peut être modifiée que par une nouvelle Constituante. Aux dernières élections, nombre de Candidats ont eu le tort de traiter des sujets étrangers à la mission qu'ils briguaient ; je me garderai bien de tomber dans une semblable faute. La question que vous venez de soulever, Monsieur le Maître de forges, a de l'attrait pour moi; si même à la chambre une circonstance me forçait à émettre mon avis, je suis à peu près sûr qu'il obtiendrait votre adhésion. Mais encore une fois, messieurs, votre examen et mes réponses ne doivent point porter sur les diverses modifications que laisse à désirer la Constitution du 4 novembre.

LE MAITRE DE FORGES. — Je ne puis pourtant me défendre de le redire : il tarde à l'industrie expirante que notre ordre de choses politique soit réformé de manière à offrir le caractère de régularité, d'unité et de stabilité dont il est dépourvu.—En attendant, Dieu nous assiste pendant l'épreuve que nous allons subir ! Puisse-t-elle ne pas être mortelle à l'ordre et à tous nos intérêts ?

LE CANDIDAT. — C'est précisément parce que la situation de nos intérêts est si alarmante qu'il est urgent de les mettre en état de résister aux secousses politiques et même d'atténuer ces dernières.—La confiance s'est évanouie, dites-vous : voyons s'il n'est pas en notre pouvoir de la ranimer. L'Assemblée législative a pour mission de rassurer le pays par des mesures utiles à toutes les classes et qui puissent satisfaire nos besoins les plus pressants. La dernière assemblée a eu la prétention de constituer nos *droits* et nos *libertés;* l'Assemblée prochaine doit se préoccuper de nos *devoirs* et de nos *intérêts.*

Napoléon disait au commencement de ce siècle : «Je ne vois partout, dans la nation, que des grains de sable; il faut y jeter des blocs de granit.»—Hé bien! des Institutions, ayant pour objet de venir en aide à tous les travailleurs, de donner une saine éducation à l'enfance, d'ouvrir à nos produits des débouchés permanents, de répandre partout le bien-être, les lumières et la moralité , voilà les blocs de granit que le législateur doit jeter au milieu de la pulvérisation sociale. Toute autre politique sera impuissante à rétablir la Confiance; son prétendu retour ne serait qu'illusion et mensonge. Vous ne dites rien, Messieurs ?

— Je conclus : L'objet de votre examen doit être le degré d'à-propos et d'utilité des plans que les Candidats se proposent de soutenir devant l'Assemblée législative. Ces plans sont à la fois le fruit de leurs études, la mesure de leur capacité, la pierre de touche de leurs opinions, en un mot, leur politique mise en œuvre. Un Candidat qui n'a point de plan à présenter, est un Candidat de nulle valeur, du moins dans les temps critiques où nous sommes; un Candidat dont les plans n'offrent aucune solidité, doit être écarté comme dangereux. — Maintenant, Messieurs, vous pouvez me mettre à la question : vous êtes mes juges et je suis votre patient.

LE MAÎTRE DE FORGES.—Hé bien ! abordons la question qui, dans ce moment, domine toutes les autres, la terrible question de notre budget. Avez-vous le moyen de cicatriser la plaie qui dévore notre système financier ?

LE CANDIDAT. — Plaie affreuse à sonder !

LE MAÎTRE DE FORGES.—Et notez bien que je n'entends pas désigner seulement les finances du Trésor public et le crédit de l'État, je veux parler aussi des finances de l'industrie et de notre crédit commercial dont la situation n'est pas moins déplorable.

LE CANDIDAT. — Elle m'a singulièrement affligé dans le cours d'un long voyage que je viens de faire en France.

LE MAÎTRE DE FORGES. — Seriez-vous à même d'indiquer par quels moyens on peut restaurer les finances de l'État et celles de l'industrie? Réorganiser les deux crédits qui constituent la fortune du pays? C'est la première chose à faire en vue du travail ; en vue de l'agriculture,.....

LE MAIRE. — Oui.

LE MAÎTRE DE FORGES. — En vue du progrès de l'éducation publique....

L'INSTITUTEUR. — Oui.

LE MAÎTRE DE FORGES. — En vue même de la propagation des principes et des établissements religieux.....

LE CURÉ. — Oui.

LE MAÎTRE DE FORGES. — Imprimer un mouvement régulier et bienfaisant à notre système financier et par lui rendre la vie à tous les travaux utiles, telle est donc la première chose à faire. C'est aussi la première question qu'il faut adresser au Candidat.

LE MAIRE. — Vous avez raison, Monsieur le Maître de forges, de provoquer *notre patient* sur cette question épineuse : si on l'avait posée par devant les com· ·i!lee· raux de l'année dernière, elle aurait bien embarrassé ces déclamateurs qu'on laissait divaguer à leur aise et qui devaient rire *sous cape* lorsqu'on les applaudissait.

LE CANDIDAT. —— La souffrance du crédit de l'État et celle du crédit commercial sont tellement solidaires, qu'on ne peut guérir l'une sans porter remède à l'autre. J'ai consulté sur notre double crise financière l'expérience pratique d'hommes très graves, et je leur dois des inspirations que ne m'eussent jamais suggéré aucun article de journal, ni aucun livre d'économie politique. Nous avons élaboré ensemble, pendant plusieurs années, un système dont j'indiquerai seulement la pensée-mère, de peur de fatiguer votre bienveillante attention.

Il est évident que nous cesserons d'être entraînés sur la pente de la banqueroute, du jour où s'effectuera la reprise de tous les travaux producteurs du pays. Mais comment déterminer cette reprise? Par certaines mesures qui vont être l'objet de notre entretien.—Et d'abord il nous faut un système de Banques vraiment *nationales*, de nom et de fait, qui fonctionne dans l'intérêt exclusif de chaque département. L'actuelle centralisation du mouvement financier à Paris est plus nuisible encore aux affaires du commerce que l'est aux affaires administratives la centralisation politique. La direction générale du crédit et des Banques ne doit plus être confiée à un petit nombre de banquiers-actionnaires, ni dépendre de leurs vues intéressées. Il convient que les administrateurs d'une Banque nationale soient élus par les notabilités du département où elle doit être établie. Rien ne doit s'opposer à ce qu'un département ait une Banque, ainsi que une ou plusieurs succursales, du jour où le besoin s'en fait sentir. Les Banques doivent être toutes en compte-courant, s'escompter les effets de commerce sur toutes les places où elles existent, s'échanger leurs valeurs, payer, lorsqu'elles le peuvent, les billets les unes des autres ; en un mot, elles doivent établir entre tous les centres industriels et toutes les places commerçantes une circulation prompte, économique, journalière. — Le nœud qui réunira toutes les mailles de ce réseau sera dans la main d'une administration centrale nommée par le gouvernement et siégeant à Paris. Elle fabriquera le papier des banques et contrôlera leurs opérations ; elle réunira périodiquement leurs directeurs pour prévenir les crises financières, pour empêcher le ralentissement de leurs escomptes, pour rendre leur marche plus sûre et la mutualité de leurs services plus active. Tel est le principe sur lequel repose cette Institution. Je vous fais grâce des détails qui n'intéresseraient pas également chacun de vous, Monsieur le Maire, par exemple, à qui mon cahier faisait peur il n'y a qu'un instant.

LE MAÎTRE DE FORGES, — J'approuve fort le

système de ces Banques coordonnées, et j'en aper-
çois les heureuses conséquences : plus de perte
de temps, plus de transports inutiles d'espèces,
plus d'intermédiaires onéreux ; les plus grandes
affaires sont réglées par de simples écritures. —
Dès lors, mon beau-frère, fabricant de soieries à
Lyon, ne se plaint plus que la banque de cette
ville, pour ne pas diminuer ses bénéfices, ferme
ses escomptes au moment où l'achat des soies ré-
clame le plus de numéraire. De mon côté, je ne
suis plus réduit à ne me servir le plus souvent
que du papier sur Paris. Une idée me vient aussi :
Pourquoi les Caisses Gouin, Ganneron, Bau-
don, etc., ont-elles été dernièrement forcées à
une liquidation désastreuse ? Parce que la Banque
de France a brusquement retiré tout escompte à
ces maisons, bien qu'elles lui présentassent de
bonnes garanties. Le Syndicat que vous proposez
eût prévenu, par ses avis, le désastre de ces
grands établissements et la chute de tous ceux

qu'ils ont entraînés : par conséquent il eût empê-
ché les troubles politiques de réagir sur notre
système financier, et même les eût sensiblement
apaisés.

LE CANDIDAT. — Vous saisissez à merveille l'esprit qui a inspiré la conception que j'ai l'honneur
de vous soumettre. Il substitue à une entreprise
particulière dirigée par une compagnie d'action-
naires sans contrôle réel, une Institution où tout
est calculé pour le plus grand avantage du commerce. On peut la définir ainsi : *la distribution
du crédit par le pays et pour le pays*, sous l'im-
pulsion bienfaisante d'une magistrature syndi-
cale.

LE MAÎTRE DE FORGES. — Du jour de la mise en
pratique de ce système, toutes les affaires solides
et sérieuses, toutes les affaires d'avenir dont le
germe est étouffé dans chaque province, pren-
dront l'essor. La régularité et le développement

du crédit commercial donnera, ce me semble, une force extrême au crédit de l'Etat.

LE CANDIDAT. — En effet, d'abord le mouvement producteur qu'exciterait partout ce système augmenterait les sources des diverses contributions. En second lieu, les Banques coordonnées seraient les naturels intermédiaires entre les capitalistes et l'Etat pour toute espèce d'emprunts. — Ne serait-ce pas un grand bien ?

LE MAIRE. — Mais ne convient-il pas mieux qu'il n'y ait plus d'emprunts ?

LE CANDIDAT. — Vous êtes, à juste titre, effrayé de tous les déficits et de tous les impôts amenés par le mode d'emprunt qui a été pratiqué jusqu'à ce jour : vous devez donc être satisfait de voir qu'un terme serait mis par les Banques à cet abus. J'admets le principe de réduire pour le moment, autant que possible, nos dépenses au chiffre de nos recettes. Mais ce principe est vain quand on a nul moyen de fortifier les recettes. Il est très efficace dans notre système qui peut à la fois, par l'augmentation de nos ressources, dispenser de recourir aux emprunts et les réaliser de la manière la plus avantageuse.—Enfin, une part prise sur les bénéfices nets des Banques, reviendrait à l'État; remarquez que cette mesure allège le contribuable en imposant le crédit public sans lui nuire.

LE MAÎTRE DE FORGES. —Ajoutez qu'elle est de toute justice; car il est incroyable que le plus grand des priviléges dans une nation, celui de battre monnaie sur papier, n'ait entraîné, jusqu'à ce jour, presqu'aucune charge.

LE CANDIDAT.— Je proposerais donc, Messieurs, et je développerais à l'Assemblée législative un projet de loi ayant pour objet une Institution nationale de crédit, qui développe partout les travaux utiles, donne à la province la vie commerciale, enrichit le trésor, et place notre système financier sur un terrain où les orages politiques ne peuvent l'atteindre.

LE CURÉ. — Bien qu'étranger aux questions financières, bien que le mécanisme des Banques n'ait jamais séduit mon imagination, peut-être à cause de leur origine juive et lombarde, l'Institution dont vous nous donnez un aperçu, Monsieur le Candidat, me semble avoir la puissance de moraliser le crédit ; j'oserai même l'appeler : la mission chrétienne des banques réalisée.

LE CANDIDAT. — Je ne me suis pas proposé autre chose dans mes veilles, Monsieur le Curé.

LE MAIRE.—Quant à moi, Monsieur le Candidat, je ne trouve pas votre système aussi utile au laboureur penché sur son sillon, qu'à l'industriel et au négociant qui spéculent sur les bois et les grains, sur les fers et les mines. Ne trouvera-t-on jamais quelque combinaison favorable au crédit de cette pauvre agriculture pour qui les avances sont une cause de ruine ? Sans doute, le crédit foncier, tel qu'il a été compris par certains brouillons de l'Assemblée nationale, était une monstrueuse conception ; mais, ne peut-on s'y prendre mieux?—De tous les discours prononcés à la Constituante de 1848, je n'ai lu avec intérêt que ceux qui traitaient du crédit foncier. J'ai vu avec plaisir un des plus chauds adversaires des bons hypothécaires à cours forcé (Monsieur Léon Faucher), convenir pourtant que « si l'on ne procurait pas au plus vite à l'agriculture le moyen d'une liquidation ou d'un dégrèvement, la propriété foncière marcherait infailliblement à la banqueroute. » Ne savez-vous donc rien qui puisse la prévenir, Monsieur le Candidat? Je vous le répète, votre système de banques n'aide pas suffisamment l'agriculture.

LE CANDIDAT. — Il n'est que trop vrai, nous

sommes sous le rapport du crédit foncier dans une situation inférieure à celle de l'Ecosse, de la Prusse, du Wurtemberg, de la Belgique, et même de certaines parties de l'Espagne. Ces pays sont dotés de Banques agricoles que nous pouvons imiter avec quelques modifications. — Ayons donc aussi un *grand livre de la dette territoriale*, tenu par l'Etat ou par une association dans le but de procurer aux agriculteurs un crédit en *lettres de gage*, jusqu'à concurrence de la moitié de la valeur de leurs propriétés. Ces lettres de gage porteront un intérêt, non seulement modéré, mais en outre calculé de manière à ce que le souscripteur soit libéré au bout d'un certain temps. Chacun pourra vendre sur le marché l'obligation de la Banque agricole et réaliser l'emprunt qu'elle lui a ouvert. Vous le voyez, Messieurs, ces contrats à rente et dont le cours s'établit comme celui du blé sur le marché, n'ont rien de commun avec les mandats à cours forcé, dont l'Assemblée Nationale a bien fait de rejeter la proposition.

La variété des coupures de ces mandats hypo-thécaires faciliterait beaucoup les transactions et les paiements.—Les Banques agricoles offriraient un placement très commode aux petits capitalistes. Elles seraient la meilleure Caisse d'épargne pour le pauvre, Caisse dont l'entretien ne coûterait point d'impôt à la nation, et qui, à l'abri de toute faillite, entretiendrait toujours le travail dans nos campagnes. Le trésor percevrait un droit sur chacune des lettres de gage, et si minime qu'il fût, jugez combien il serait productif, étant prélevé chaque année, sur de nombreux milliards! — Ces Banques se composeraient de comités départementaux qui siégeraient dans chaque chef-lieu et d'un comité central à Paris.

LE MAIRE. — A la bonne heure, voilà le crédit agricole constitué; je respire à l'aise.

LE CANDIDAT. —Vous approuveriez donc que je demandasse à la Chambre législative la réforme de tout ce qui, dans notre régime hypothécaire, nuit à l'organisation du crédit foncier. Je démontrerais que celui-ci doit améliorer le sort des agriculteurs, propager les colonies agricoles, et toutes les bonnes méthodes avec leurs avantages immédiats ; qu'il doit offrir aux épargnes de la classe pauvre un sûr placement, retirer des villes une population manufacturière aussi à plaindre qu'à redouter, pour la faire vivre au sein des campagnes qui alimenteront leur travail, tandis qu'à son tour ce travail les fécondera.

Ainsi, messieurs, j'ai eu l'honneur de vous soumettre le projet de deux Institutions nationales de crédit favorables à tous les travaux producteurs, et parconséquent à l'ordre public.... Mais vous me semblez vivement préoccupé, monsieur le maître de forges. Vous avez sans doute quelque observation importante ou une grave objection à me présenter.

LE MAITRE DE FORGES. — Je suis fortement con-

vaincu que ce double système de Banques commerciales et agricoles imprimera un rapide élan
au travail universel du pays. — Mais, il est
un point essentiel que nous perdons entière-
ment de vue ici, et que d'ailleurs, en France,
on néglige trop ; c'est que les crises politiques et
commerciales sont inévitables dans un pays qui
produit plus qu'il ne peut consommer, à cause de
la plénitude du marché intérieur. C'est une semblable situation qui a préparé la catastrophe de
l'année dernière. Le fabricant et le boutiquier
souffraient de l'encombrement tout aussi bien que
l'ouvrier. Le remède n'arrivant pas, le malaise a
poussé les bras désœuvrés au service des conspi-
rateurs ; et une immense légion sortie des ateliers
s'est enrégimentée tout à coup sous le drapeau de
l'anarchie.

Comment prévenir le retour de cette affreuse
perturbation ? Comment ouvrir une large, une
continuelle issue à l'exubérance de nos produits ?
Plus nous aurons excité la production, plus ces

stimulants tourneraient contre elle et contre le pays. Il faut à tout prix, prévenir le retour du désordre dont nous déplorons aujourd'hui les conséquences. Par quelles combinaisons pensez-vous qu'on puisse l'éloigner, Monsieur le Candidat? Voilà l'observation et l'objection que je vous réservais ; je ne les ai trouvées dans aucun journal, mais vous n'en sentirez pas moins toute la gravité ; je plaindrais sincèrement les Candidats qu'elle ne frapperait point.

LE CANDIDAT.—Et vous feriez bien, car, ils prouveraient qu'ils ignorent la cause permanente de nos crises, ceux-là même qui sont censés connaître le moyen de les guérir !

Il ne suffit donc pas, Monsieur le Maître de forges, pour que l'industrie prospère , de s'occuper *exclusivement* d'industrie. Il faut que le peuple français s'applique au commerce extérieur avec la même intelligence et le même zèle qu'il met à faire fleurir les arts. — Il faut tenir en équilibre, chez nous, les forces productives et la fonction distributive. Nous devons porter au dehors, nous devons répandre nos produits sur tout le globe. Ne profiterons-nous jamais de l'exemple que les Anglais, les Américains, et les Hollandais nous donnent avec tant d'habileté, de succès et de persévérance? Serons-nous toujours condamnés à voir nos produits pénétrer dans quatre continents sous le pavillon de nos voisins, avec de fausses indications d'origine? Serons-nous toujours réduits à n'avoir chez nous d'autres intermédiaires que des pacotilleurs ou des aventuriers qui par le mauvais choix de leurs articles et par leurs fraudes, déconsidèrent le nom français à l'étranger?...

Relevons donc, Messieurs, relevons notre commerce extérieur, rétablissons-le dans des conditions de force et de solidité à la faveur desquelles il place avantageusement nos articles de goût et d'utilité sur les marchés les plus lointains.

Que par un échange profitable à toutes les parties, il nous rapporte les produits de l'étranger avec les matières premières et les renseignements dont a besoin notre fabrication !

Pour atteindre ce résultat, il s'agit de fonder, non sous la direction, mais sous le patronage du gouvernement, une association commerciale assez puissante pour établir successivement des factoreries sur les points les plus favorables à nos relations de commerce. Ces maisons dirigées par des agents d'une intelligence et d'une probité reconnues, s'occuperont uniquement de placer nos produits, de préparer des retours avantageux, de nous éclairer sur les besoins de la consommation étrangère. Les relations combinées des factoreries internationales rendront des services plus grands, plus rapides et plus durables au commerce, qu'il n'en a jamais reçus. La Compagnie-mère de ces comptoirs, dont le siége sera Paris, veillera constamment à la moralité de leurs opérations. Elle transmettra chaque jour à notre industrie les documents dont elle a été privée jusqu'à présent sur les tarifs, les habitudes, les goûts et les besoins de l'étranger. C'est aussi le seul moyen de relever notre Marine marchande et de rendre le mouvement à nos ports.

Et puis, Monsieur le Maître de forges, ce n'est pas seulement à nos marchandises qu'il faut créer des débouchés, c'est surtout à l'activité de la génération actuelle et au riche essaim de ses talents.

Le courant des idées nouvelles entraîne ces esprits ardents vers de nouvelles carrières. Il faut les leur ouvrir. Les forces intellectuelles de la France sont à ce point surexcitées, qu'elles troublent l'ordre social et le troubleront jusqu'à ce qu'on leur fasse franchir le cercle étroit qui les comprime. On les appliquerait utilement aux vastes combinaisons du commerce international qui d'ailleurs agrandiraient parmi nous le domaine des sciences et des arts.

« Le gouvernement doit toujours tenir en haleine l'imagination du peuple français, sans quoi il est perdu, » disait Napoléon. Quel but frapperait d'avantage les esprits et répondrait mieux à leurs vœux secrets que la mission vraiment civilisatrice de la France ? Son nom pour ses bienfaits serait béni autant qu'elle la fait craindre par sa valeur et ses armes. La considération dont nous jouirions faciliteraient nos alliances : elles seraient entretenues par des rapports commerciaux réciproquement avantageux. Le génie français n'aurait jamais joué un rôle aussi digne de lui !

LE MAITRE DE FORGES. — Voilà le commerce extérieur tel qu'il nous le faut.

LE CURÉ. — Le voilà tel que le veut le christianisme !

LE CANDIDAT. — Cette combinaison peut seule nous délivrer de grandes difficultés qui plus que jamais nous menacent à l'extérieur. Il est urgent de la mettre en œuvre. — S'il m'était donné de faire partie de l'assemblée législative mon premier soin, aussitôt que la confiance publique aurait rendu la vie au crédit, serait de demander un fonds d'encouragement et de garantie pour les capitaux qui doivent concourir aux grandes opérations du commerce extérieur. Ce fonds, je le demanderais au nom de notre industrie défaillante, au nom de notre jeunesse inoccupée, au nom de nos alliances politiques aujourd'hui si compromises et qui ne peuvent être renouées que par des rapports commerciaux à la faveur de l'esprit loyal qui dirigera les factoreries internationales. Jamais plus important résultat n'aura été obtenu avec des moyens relativement aussi faibles et jamais emploi plus utile ne saurait être fait des ressources de l'Etat comme de la force d'initiative du gouvernement.

LE MAÎTRE DE FORGES. — Ce qui me charme

dans ces Institutions, c'est qu'elles produisent beaucoup plus de bien qu'on ne pourrait en attendre de toutes les réformes administratives dont on fait tant de bruit en ce moment. Il en est cependant, je l'avoue, de séduisantes. Quelle est celle dont vous adoptez le principe?

LE CANDIDAT. — Je me déclare le partisan de toute réforme capable de réaliser de sages économies, d'amener la libération de notre dette, de mettre le chiffre des impôts en rapport avec les services que l'État rend au contribuable. Je désire une administration qui ne fasse point descendre le rôle du gouvernement à celui d'un parti ou d'une coterie, mais qui s'occupe sans cesse des améliorations réclamées par les besoins de toutes les provinces. Ainsi, j'appuierais des projets de loi qui tendraient à perfectionner les polices communale et départementale par l'embrigadement des gardes-champêtres et leur action concertée ;—

fraternité est un vain mot, et l'organisation sociale la plus dangereuse des utopies. Rendez donc à la parole du prêtre et à sa personne l'autorité qui leur appartient. Pourquoi nous condamner toujours à l'humble attitude de celui qui est obligé de tendre la main? Non, il ne convient pas que le prêtre dont la charité est le premier devoir, soit réduit à compter, ni pour recevoir ni pour donner.
—Excusez mon émotion, en attaquant devant vous, Messieurs, un abus qui m'a fait si souvent gémir et dont il me coûte trop d'articuler le nom !

LE CANDIDAT. — Monsieur le curé, Messieurs, veut parler de la suppression du Casuel.

LE CURÉ. — Pour le clergé des campagnes qui est le plus nombreux, cet usage entraîne toutes les conséquences de la vexation et de la mauvaise grâce, les railleries de la malveillance et les exagérations de l'envie jalousant l'humiliante obole ! Les ministres protestants de l'Angleterre et de la

Hollande sont plus heureux que nous sous ce rapport ! — Aussitôt que cet abus sera supprimé,
aussitôt aura lieu la distribution uniforme des Sacrements et des secours spirituels...... Quoi !
le principe de l'égalité devant la loi est ins-
crit sur tous les murs, et l'égalité devant
Dieu n'existe pas dans son sanctuaire ! Cependant
aux yeux du prêtre tous les hommes ne sont-ils
pas comme un seul homme qu'il s'agit d'unir ensemble et d'unir à Dieu ? Grâce à la réforme salu-
taire que nous implorons, on trouverait dans nos
Sacrements plus de grandeur, et plus d'éloquence
dans nos Mystères ! Les ignorants, tout comme
les esprits cultivés, sentiraient mieux la significa-
tion d'unité morale que renferment le berceau, le
drap nuptial et la tombe ! — Monsieur le candidat,
entre-t-il dans vos vues de demander la suppression de l'abus dont votre générosité m'a épargné
la douleur de prononcer le nom ?

LE CANDIDAT. — Il me suffit d'entendre votre
parole touchante, respectable pasteur, pour être

certain de l'heureux effet que produirait partout l'administration égalitaire des Sacrements. Je suis heureux de m'être occupé de plans qui ont pour objet d'augmenter les ressources du trésor, de plans dont la mise en pratique rendrait fort prochain le jour où l'Etat pourrait remplacer le Casuel par un traitement officiel et régulier.

Messieurs, je pourrais mettre à mon tour beaucoup de questions *sur le tapis ;* il est vrai que vous m'avez provoqué sur celles dont la solution est la plus urgente. Cependant, si vous le désirez........

LE MAÎTRE DE FORGES.—Votre exposé, bien que fort concis, nous a révélé trois Institutions qui nous semblent devoir consolider la confiance, l'ordre et le travail, en les basant sur le développement et l'harmonie de tous les intérêts. Quand vous ne nous auriez soumis que cet aperçu, c'en serait assez pour vous concilier notre bienveillance.

MATIÈRES TRAITÉES DANS LE DIALOGUE.

I. Où nous en sommes. — Difficultés actuelles.

II. La meilleure politique sera celle qui saura fonder des institutions favorables à tous les intérêts, à tous les travaux producteurs. Le retour de la confiance est à ce prix.

III. De nos jours, un candidat sérieux est celui qui s'est constamment préoccupé de plans d'utilité générale.

IV. Système de Banques commerciales, coordonnées dans l'intérêt des départements et du Trésor. — Avantages que procurerait à l'industrie, au commerce et à l'Etat, le développement et la régularité du mouvement financier dans toute la France.

V. Organisation du crédit foncier. Banques agricoles, — leur heureuse influence sur la culture; — elles seraient les meilleures caisses d'épargne; — elles enrichiraient aussi le Trésor.

VI. Nécessité de l'établissement de factoreries internationales pour ouvrir des débouchés permanents à nos produits, relever notre marine marchande, occuper la jeunesse, préparer des alliances durables.

VII. Condition d'une bonne réforme administrative.

Amélioration des polices communale et départementale par l'embrigadement des gardes-champêtres et leur action concertée.

Amélioration du service ordinaire des ponts-et-chaussées relatif aux points d'eau , dans l'intérêt des usines et de l'agriculture.   etc.

VIII. Vœu d'un bon curé : suppression du casuel et administration égalitaire des sacrements. — Effet moral de cette réforme.

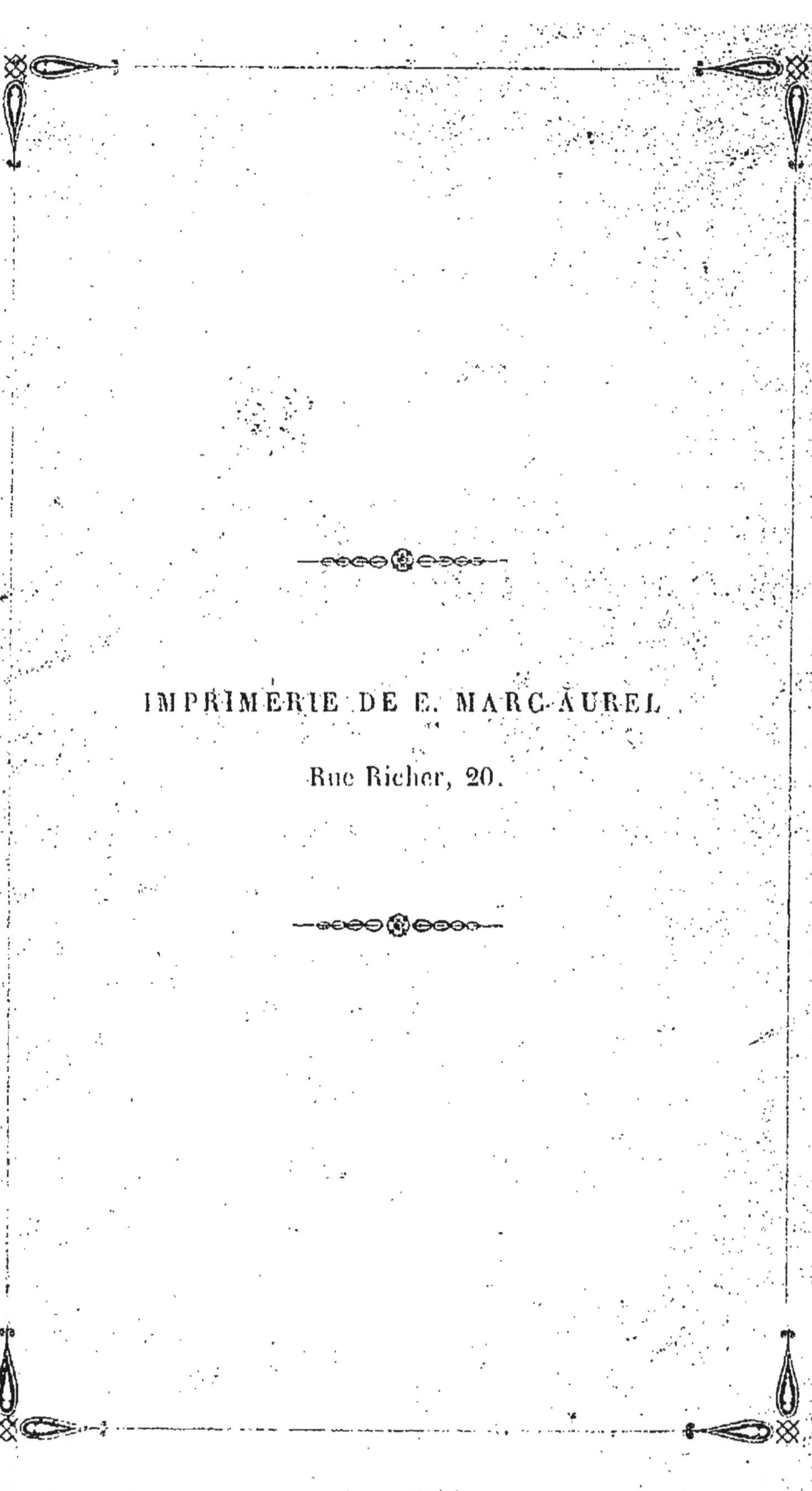

IMPRIMERIE DE E. MARC-AUREL

Rue Richer, 20.